Suze sina razmetnoga
Ivan Gundulić

Suze sina razmetnoga
Copyright © JiaHu Books 2014
First Published in Great Britain in 2014 by Jiahu Books – part of Richardson-Prachai Solutions Ltd, 34 Egerton Gate, Milton Keynes, MK5 7HH
ISBN: 978-1-78435-059-8
Conditions of sale
All rights reserved. You must not circulate this book in any other binding or cover and you must impose the same condition on any acquirer.
A CIP catalogue record for this book is available from the British Library
Visit us at: jiahubooks.co.uk

Evanđelje po Luki, XV. 18.   5

Plač prvi: SAGRIJEŠENJE   7

Plač drugi: SPOZNANJE   25

Plač treći: SKRUŠENJE   39

Evanđelje po Luki, XV. 18.

"Jedan čovjek imaše dva sina, i reče mlađi od njih ocu: Oče, daj mi dio od imanja, što pripada meni. I otac im podijeli njihovo imanje. I po tom do nekoliko dana pokupi mlađi sin sve svoje, i ode u daljnu zemlju i onamo prosu imanje svoje živeći besputno. A kad potroši sve, nastade velika glad u onoj zemlji i on se nađe u nevolji. I otišavši pribi se kod jednoga čovjeka u onoj zemlji; i on ga posla u polje svoje, da čuva svinje. I željaše napuniti trbuh svoj roščićima, koje svinje jeđahu, i niko mu ih ne davaše. A kad dođe k sebi reče: Koliko najamnika u oca mojega imaju hljeba i suviše, a ja umirem od gladi! Ustaću i idem ocu svojemu, pa ću mu reći: oče, sagriješih nebu i tebi, i već nijesam dostojan nazvati se sin tvoj: primi me kao jednoga od svojijeh najamnika. I ustavši otide k ocu svojemu. A kad je još podaleko bio, ugleda ga otac njegov i zažali mu se, i potrčavši zagrli ga i cjeliva ga. A sin mu reče: Oče, pogriješih nebu i tebi i već nijesam dostojan nazvati se sin tvoj. A otac reče slugama svojijem: Iznesite najljepše haljine i obucite ga, i podajte mu prsten na ruku i obuće na noge. I dovedite tele ugojeno te zakoljite, da jedemo i da se veselimo, jer ovaj moj sin bješe mrtav i oživlje, i izgubljen bješe i nađe se. I stadoše se veseliti..."

5

Plač prvi: SAGRIJEŠENJE
"Vivendo luxuriose dissipavit substantiam." Luc. cap. 15.

1.
Grozno suzim gor'k plač sada,
Gorko plačem grozne suze,
Ke razmetni sin njekada
Kajan s grijeha ljevat uze;
Je da i moje grijehe oplaču
Suze u suzah, plač u plaču.

2.
Vječnoga Oca, vječna Riječi,
Ka si umrlu put uzela,
Da se od smrti svijet izliječi
Ka svima bješe život spela,
Riječi, u ljudskoj ka naravi
Pravi čovjek si i Bog pravi;

3.
Ti sa neba pošlji odi
Meni duha prisvetoga,
Ki od Boga oca ishodi
I od tebe sina Boga,
Da on objavi s moga glasa,
Za naš nauk, što ti kaza!

4.
Blag Jezuse, i ti prosti,
Čim razmišljam vrh dubina
Neishitne tve mudrosti,

Uz istinu ka taština
Ako s moje slabe svijesti
Priloži se i namjesti.

5.
Za otvrdnutu svijes prignuti
Na skrušenje od pokore,
Trijebi je od svijeta spomenuti
Himbe i varke sve najgore,
I da prostit vlas višnja je
Vazda spravna, tko se kaje:

6.
Tako i ljekar s prva od svudi
Istečenu ranu otkrije;
Ni ga smuća, ne ga trudi,
Što nečisti crv izije:
Donijet bo je sva odluka
Dugo zdravlje s kracih muka.

7.
O grešniče, u zlu tvomu
K vječnomu se dobru uteci,
U izgledu viđ ovomu
Sebe istoga, kaj se i reci,
Veće božje da je smiljenje,
Neg sve ljudsko sagriješenje.

8.
Dan večerom, čovjek svrhom
U životu svom se hvali;
Milos Višnji dijeli s vrhom
Svijem, ki su u njega ufali:
Sviđ se, vjeruj, ufaj, sluša',
Što skrušena stječe duša.

9.
Pod česvinam grm prignuti
Gdi u spletenu gaju raste,
A o klisurah strme ljuti
Gledaš visjet divje hraste,
Ter pod snijegom vrsi bijeli
Planinam su posijedjeli.

10.
Sin, ki dio blaga očina
Rasu, čim se blude tiri,
Sharan stražnik od živina,
Kijeh želudom gora žiri,
Na hrek jedan suh se biše
Naslonio teško odviše.

11.
Tuj, čim skončan u životu
Jedva uzdahne podiraše,
Mrući od glada žirnom skotu
Na jestojsci zavidjaše,
Nasitit se želeć veće
Pićom, ka se prascim meće.

12.
On, ko dobar svacih mnoštvo
Na veliku zlu promijeni,
I bogatstvo u uboštvo,
I u prikor glas pošteni,
Kliče ovako vas u smeći,
Sebe u sebi ne videći:

13.
"Ah, ter ja sam mladac mili,
Oni mladac primljen svuda.

Od koga se vik ne odili
Slas ljuvena i razbluda,
Znan, plemenit, bogat, vrijedan,
Slavljen, dvoren, služen, gledan!

14.
Ako ja sam oni isti
Sad u sebi, jaoh, da gdi je
Sviono ruho, grimiz čisti,
Plemenito ki me odije?
Gdi su obilne gozbe moje,
I prijatelji i gospoje?

15.
Ah, ja nijesm, ki sam bio,
Ako u meni nije mene;
Jaoh, svak me je ostavio
Sred pustoši sej kamene;
Pače gola i kami oni
Studeni me svojom goni.

16.
Mješte piće slatke, uljudne,
Mješte dvora pozlaćena,
Mješte sluge, u noći i u dne
S kih mi dvorba bi činjena,
Mješte uresne svim postelje,
Gdi pokojah moje želje;

17.
Jestojska je ma jedina
Nepoznano gorko travje,
Prasci družba, dvor planina,
Kami tvrdi meko uzglavje,
A raskošna, jaoh! pernica

Suha zemlja crna lica.

18.
Čačka moga dvorne sluge
Obilnim se brašnom hrane;
A ja od glada mrem pun tuge
Sred pustošne ove strane,
Želeć kao zvir, nu zaludu,
Naći brašno u želudu.

19.
Ah na ovo li bludnos tvoja
Dovela me, izdavnice,
Ka pod slikom od pokoja
Dvorne i blage ljubovnice
Na službu me tvu zapisa
Dokli iz mene krv isisa.

20.
Ah, nesvijesna, ka ne gledaš
Ni razloga, ni zakona;
Ah, bezočna, ka spovjedaš
Za istinu laž smiona;
Ka sred srca nemaš svoga
Srama od ljudi, straha od Boga.

21.
U nečistoj koga želji
Ne prigrli i ne primi?
Tvoji su bludni priatelji
Vazda bili ljeti i zimi,
I tudjini i mještani,
S kim te ugađa trg pogani.

22.
Ah, s kijem se nisi stala?
Tko ti nije bio sred krila?
Tko je taj, koga nijes' izdala.
Koga nijesi privarila?
Sveđ nekrepka, sveđ razlika,
Tamna, tašta, huda, prika.

23.
Ne ću mučat zle načine.
Kim me bitje iskorijepi;
Spovijedat ću varke istine,
Kim me opsjeni i zaslijepi;
Ukopat ću u ove gore
Tve sramote, me prikore.

24.
Bješe zlatan pram vrh čela
Za razbludu raspustila,
Svitlos draga i vesela
Sjaše iz oči sunca mila;
A capćaše posred lica
Združen trator i ružica.

25.
Od koralja usti objavi
A od lira prsi svoje,
Govoraše nje gizdavi
Posmijeh: "Daj mi srce tvoje!"
Veljaše opet: "Daj ga meni!"
Pogled slatki i ljuveni.

26.
Nje svi čini bjehu drazi,
Sred razblude i miline;

Neka želi, tko ju pazi,
Tko ju želi, neka gine:
Bijelom rukom, snijeg nadhodi,
Tihijem stupom tančac vodi.

27.
Ah, ma svijesti zapanjena,
Sve ovo scienjah i saviše,
A ona stara iz korjena
Priobrazila sliku biše,
Čim oblipi i namasti
Bliede kože suhor tmasti.

28.
A ostriže s mrca vlase
I crvima uze iz usti,
Te ih iz groba stavi na se,
I u rudeže zlatne spusti:
Plijen od smrti da je sva dika,
I vez slatki ljubovnika.

29.
Pepeo lica pogrešpana,
Suha, žuta i pjegava,
Bi načinit toli znana
Hitrom silom od naprava,
Da se crno bijelo ukaza
Na obrazu bez obraza.

30.
A mažući raskrvavi
Usti oprhle, pomodrene,
Na sramotu od naravi
Da ih koralji zarumene;
A ogoli premaliće,

13

Da svu zimu skrije u cviće.

31.
Pristavljenih vrhu kosi
Trepte od cvića perivoji;
Na ustiju cvijeće nosi,
Na prsijeh cvijeće stoji,
Cvijeće u rukah, cvijeće svuda,
I ona u cvijeću zmija huda.

32.
Medna je riječca, srce otrovno;
Oči ognjene, prsi od leda;
Ljubit kaže, mrzi skrovno;
Vijek ne želi, sveđ te gleda;
Jedno misli, drugo čini,
Vara, izdaje, laže i hini.

33.
Ja za ovu samo hajem,
Sama je ona moja draga,
Samoj njoj se ne pristajem
Svu noć vrtjet oko praga,
Klikujući skladnom pjesni
Nje ljeposti, me ljuvezni.

34.
Ona, ko me vidi i pozna
U nju mrežu uveznuta,
Kaže mi se nemilosna,
I na moj plam ostinuta;
Ja ju gledam bez prestanja,
Ona od mene oči uklanja.

35.
Nje mraz oganj moj razgara,
Nje gnjiv ljubav moju uzmnaža;
Žeravom me led satvara
S omraze mi sve je draža;
Slatki mi su nepokoji,
Prid očima sveđ mi stoji.

36.
Ona bježi, ja ju slidim,
Krije se ona, ja joj pišem,
Kako za njom gasnem, blidim
Venem, sahnem i uzdišem:
Ona pismo dere i meće,
Čekajući stvari veće.

37.
Ja opet milos da isprosim,
Bit s naprava ljepši žudim:
Svilu oblačim, cvijetak nosim,
Resim lice, kose rudim,
Sveđ uzdahe šiljem ognjene
Ne stavlja se ona od mene.

38.
Ja razumjet sebi davam,
I ono što je, da je ne ću:
S novijem gizdam i napravam
Gostim, dvorim bolju sreću
Šetam, gledam, spjevam milo,
Nu je zaludu svako dilo.

39.
Naposlije ruka stupi
Na mač britki od pjeneza,

Je da on probije i razlupi
Tvrde oklopi draga uresa,
I dobitnik s njim izabrani
Dođem, gdi ma lijepa brani.

40.
Promjenjiva i veseli
Ona tada sliku svoju;
Kaže, ino da ne želi,
Neg ispunit želju moju:
Oči u oči me upira,
Blijedi, uzdiše i umira.

41.
Ja biljege videć ove,
Ne štedim se i ne kratim
U razlike njoj darove
Pjenez veći da potratim:
Ona u zlatu primljenomu
Mjeri ufanje srcu momu.

42.
Za na svrhu doć žuđenu,
Ja šiljem opet s veće zlata
Dragi kamen u prstenu,
Biser za ures bijela vrata,
Na riječi me ona drži,
Obećava, a ne vrši.

43.
Jedan pogled bludno striljen,
Sladak podsmijeh, riječca od meda,
Željan uzdah, ali usiljen,
Ki mi proda srce od leda,
Izabrani i velici

Mojih rana bijehu lici.

44.
Zlato leti u toliko,
I iz mojih bježi ruka;
Blijedi lice sve koliko,
Skončavam se, i od svijeh muka
I od svih šteta život prima
Za svu platu vjetra i dima.

45.
Moj ju ognjeni uzdah moli,
Da me u trudu već ne hrani:
Mojim se on trudom boli,
I obećava, i opet brani
Tako hitro, da ti kaže,
Da si ti kriv, što ona laže.

46.
U to život u dne, u noći
Skončava mi se i odlaga;
Mećem, sipljem sa svom moći:
Sve što imam i zlata i blaga:
Mrtav razbor, svijes je slijepa,
Na zlo srnem, ko me cijepa.

47.
Ter u način poplavice,
Ka sve nosi, što zadere,
I oreć se niz litice
Valja gore, polja ždere:
Obori se i poždrije
Me imanje najposlije.

48.
Nu bi šteta mala bila
Dobra izvanja izgubiti,
Da me nije usilila
Blago lijepo potratiti,
Unutrnje me kriposti
Bez obzira, bez milosti.

49.
Što ne učinih, što ne skrivih,
U ku zlobu s nje ne upadoh?
Tlačih zakon, neprav živih,
Tlapih, mamih, grabih, kradoh;
Na vrlija se djela spravih;
Sram poplesah, Boga ostavih.

50.
Bijeh obličje izgubio
I priliku od čovjeka;
Od mene se svaki dio
Preobrazi s grijeha prijeka;
Pače u grijehu obraćena
Osta ma put strašna sijena.

51.
Staše u glavi ponosita
Vrla oholas u nescijeni
A u čelu stanovita
Zasječena u nesvijes meni:
A na obrazu blijedo i mrazno
Bezočanstvo bezobrazno.

52.
Mećahu oči s navidosti
Zglede otrovne, zlobne i krive;

A pjenjaše pun gorkosti
Sve čemere jezik žive;
A rigahu usta huda
Krv smrdeću gnjusna bluda.

53.
Uši iđahu pomno i hrlo
Osluškujuć hude raspe;
Jezovito zjaše grlo,
Da proždorstvo vječno zaspe,
Ruke pohitne i skupljene
Bijehu, a noge k dobru lijene.

54.
Glavu, čelo, oči, uši,
Usta, grlo, ruke i noge,
I u tijelu i u duši
Opak i pun zlobe mnoge,
Vas naman se viđah grda
Vrh nakazni, vrh svijeh srda.

55.
I ako pričuh u ke doba,
Da se o meni zlo govori,
Nenavidnost, rijeh, i zloba
Sve uzroči ovo i tvori;
Ako rođak ki me kara,
Prikleh mu se, da se vara.

56.
Vrgoh stare prijatelje,
A za novu mu družinu
Uzeh onih, s iste želje
U bludnosti koji ginu;
Vodih za mu stražu ovih,

Gozbe obilne njim gotovih.

57.
Bez pristanka s njima šetah,
Ljubljenijeh oko mira.
S njima tražah, koga sretah,
Da oči gdi i ja ne upira,
I kon toga mnokrat mista
Bi mi od sumnje sjen ma ista.

58.
Tu li na zbilj tko ga minu,
Još da na nju ne pogleda,
Uzeh sumnju za krivinu,
Zgrizoh sebi usne od jeda,
Rijeh, u kući živ se spraži
Bud prijatelj moj najdraži.

59.
Što ne stvorih, što ne rekoh,
Što ne prosuh oda svudi,
Dokli od nje ono stekoh,
Što ma bludnos većma žudi,
I što ona huda odviše
Dala od prije mnozijem biše.

60.
Ah, prem ziđe na pržini,
I vrh morske trči pjene,
Tjera vihar po planini,
Omekšava tvrde stijene,
Malim sudom more prazni,
Zmiju grije, lava blazni.

61.
Kaže ropstvo, krije verigu,
Ište zdravlje u nemoći,
Kami u cvijeću, cvit na snigu,
Snig na suncu, sunce u noći.
Vjeru i ljubav tko god scijeni
U nekrepkoj naći ženi.

62.
Upuštava najposlije
Mene, i k sebi tamno druži;
Ije sa mnom, sa mnom pije;
Jakno zmije vrat mi okruži,
Ljuta, otrovna i veoma
Bludna, bezočna i lakoma.

63.
Ona i trbuh moj bog s nebi
Bijehu; neka bez jezbine
I zaliha pića u sebi
Bludnos moja ne ostine;
Tim probirah sa svih strana
Piće izvrsne, vina izbrana.

64.
U dne, u noći, ljeti i zimi
S njom ustarah zlobe moje,
Zavežajem nečistimi
U sljepilu svezan stoje
O nje vratih, kao pas jedan,
Prstom kazan i od svud gledan.

65.
Ah, dosta se jednom samo
Plešuć obzir časti odreći,

I zrcalo, ko imamo
Pred očima, vrć za pleći;
Neka ne mi, da nu druzi
Vide, ki su naši ruzi.

66.
U smrdeću bludu mnogu
Rastijahu moji prikori,
Živuć ko zvijer u brlogu,
Ku sad pasem u ovoj gori;
Gnusoba me s tamnih dila
Bješe svega priklopila.

67.
Ah, sram jezik veće veže,
Da ne kaže u naprijeda
Bludni oganj, ki požeže,
Moje biće sve bez reda;
Najposlije dokle izgrnu
U pepelu mu čas crnu.

68.
Jer, ko dah joj sve me blago
I već ona viđe u plati,
Da uboštvo moje nago
Ne imaše joj česa dati,
I da mi je kosti ižela,
Krv ispila, meso izjela,

69.
Ter da sam se ogolio,
I bez zdravlja i baz časti,
I da veće sunca dio
Ne može me s nje dopasti;
Pokli pođi duša od zlata,

Vrže i ljubav mrtvu iz vrata.

70.
Osta ljubav pri koristi.
Nu ne poznav još ja toga,
Na običajni blud nečisti
Idem k raspu bića moga;
Ali ona nemilosna
Mene uboga tad ne pozna.

71.
Tako jak cvit, od uresa
Ki nije veće, kad uvene:
S prva očinka, opet splesa,
Pak izmete na dvor mene:
Neka u prahu i u kalu
Strenu ostavim diku opalu.

72.
Da su od zlata polje i gore,
Da sve rijeke zlatom teku,
Da je pućina zlatan more,
Da vas saj svijet zlatan reku:
Svijem tijem ne bi stoti dio
Ženske želje napunio.

73.
Ljepos, razum, ljubav, vira
Sve je pričica i besjeda:
Kakav si, ona ne razbira,
Koliko imaš samo gleda;
Zlato iz tebe izet ište,
Za vrć pak te na smetište.

74.
Ja u taštu stratih bludu
Čas i pamet i imanje,
I ne osta mi drugo u trudu,
Neg il žalos i kajanje,
Kad promislim cića jada
Tko sam bio, tko sam sada.

"*Et reversus in se.*" *Luc. 15.*

Plač drugi: SPOZNANJE

1.
Pokli božja veličina
U početak svijet satvori,
Sred općenijeh najprije tmina
Od svjetlosti zrak otvori,
I ostaše razlučene
S bijelim danom noćne sjene:

2.
Tako u tminah svijeta ovoga,
Zametena svega u sebi,
Kad čovjeka umrloga
Vlas pritvara višnja s nebi,
Prosvitlili ga blago dosti
Najprije zrakom sve milosti.

3.
Netom ovi zrak udari
U stražnika žirnijeh stada,
Viđe i pozna sve privari,
Ke mu uzrok bijehu od jada,
I da staše za satrti
Svoj zli život gorom smrti.

4.
Tim pokliče: "Tko me ovako
Ukopa u skut pustijeh gora,
Da želeći dobro svako

Od glada umrem pun prikora,
Čekajući mješte groba
Da me proždre zvjerska utroba?

5.
Za sve jer bi pravda bila,
Tko god žive kao zvjerenje,
Da i mrtav na sto dila
Od zvjerenja razdrpljen je:
Ako i zvijeri nebi strane
S piće utekle svim pogane.

6.
Ah! lipoto draga očima,
Ka za zlatom smagneš toli,
Evo plate, ka se prima
Slideć ures tvoj oholi,
Da i zvijeri bježe prike
Ljudsko srce s tve prilike.

7.
Ti si oblak, ki zastupa
Viđenje nam od nebesi;
Gine, tko tvim putom stupa,
Zapletena toli jesi;
Nevjernost je tva istina,
Družba: ispraznos i taština.

8.
Djevojčice prigizdave
Cvijet čistoće svoje mile
Pod raskošam tve naprave
Nepomno su otrunile:
Ti najdraže prijatelje
S tve otrovne svađaš želje.

9.
Ti postelje ženitbene
Priljubovstvom mnokrat skvrniš;
Ti svitlosti proslavljene
Ime tlačiš, zraku crniš;
Ti prihvaćaš bludim tvima
Ljubovnika u hotima.

10.
Ti nevješte mladce vodiš
Mrtvijem pramom zavezane;
Pogledom ih ti gospodiš
I u srcu stvaraš rane;
Ti ih vodiš na zla svaka:
Oni hudi, ti si opaka.

11.
Prikiduješ ti zavjete
Ljudem Bogu posvećenim,
Čiste želje, misli svete
Da potamne bludnom sjenim,
I da plijen je tvoga obraza,
Što se Višnjem jur prikaza.

12.
Turske sablje na pravednih
Ti obraćaš jedovito;
Mjere od suda od najvrednijih
Rukah kriviš ti očito;
Samosilna svud se čuješ,
Istijem kraljim ti kraljuješ.

13.
Gradovi su glasoviti
U pepelu tvojih plama;

Ti vas ures njih čestiti
Splesa i posu travom sama;
Ti si uzrok vječnijeh šteta,
A u sebi što si opeta?

14.
Jedno ufanje, ko sveđ bježi;
Zlo u slici prazna dobra,
Plam, ki spraža, a ne vriježi;
Noć, ku za dan sljepac obra;
Vjetrić, huđe ki razgara;
Obećanje, koje vara.

15.
Jedan stabar, ki neplodan
Samo u sjen se širi i stere:
Slados gorka, ijed ugodan;
Glas bez riječi, riječ bez vjere;
Hip u viku svijeh godišta;
Vjetar, magla, sjen, dim, ništa.

16.
Meni se je dogodilo
Kao djetetu, koji hrli,
Gdi plam svijeće ckili milo,
Najposlije ki ga oprli;
Kao lepiru, koji udara
Oko ognja, ki ga zgara.

17.
Jur za zrakom umrlime
Od liposti, ka svim udi,
Slideći ga sve me vrime
U ljuvenoj u požudi,
Mlados kopne, život ginu:

Ah, sad poznam mu krivinu!

18.
Ah, spoznanje pričestito!
Unutarnja s tebe zraka
Razvedrena vidi očito
Pravo dobro bez oblaka,
Gdi je spasenje, gdi su moji
Slaci i draži svim pokoji.

19.
Jao, vez, ki me smrtno veže,
Ja ne poznah sred krivine:
Tako i more ne uteže,
Tko mu nori u dubine;
Nu na vrhu pak kada je,
Trud mu i malo vode daje.

20.
Kose, ke zvah zlatom prije,
Jao, zabliješten s njih na blizu,
Poznam da su ljute zmije,
Ke sad srce moje grizu;
A s pogledim svitle oči
Munja, iz koje trijes iskoči.

21.
Ono lice, gdi mi siva
U ružicah zora bila,
Sad je drača bodežljiva
I ma vječna noć nemila;
A usti, ko mnjah da med hrane,
Čemerom su otrovane.

22.
Zraci, kijem se život diči,
Zovući ih zvijezde svoje,
Himbeni su provodiči
Bili od tamne smrti moje.
A posmijesi vedri i slaci
Puni grada crni oblaci.

23.
Ah, i ostavih mjesto rodno,
Probijući strane i luge,
I ištući što je ugodno,
Nađoh jade, brige i tuge,
I u doba toj smeteno
Ostah kano drijevo odsječeno.

24.
Eto život moj svjedoči,
Kakav svijet je i što daje:
Kad se smije, plač uzroči,
A kad blazni, tad izdaje;
U uresnu lijepu sudu
Sdrži nalip i smrt hudu.

25.
Celovom te slacijem truje,
Grleći te smrtno ubija;
U hvalah te istijeh psuje,
A krepčinah svije previja;
Razlik obraz stavlja na se,
Kao zvijer, ka se vjetrom pase.

26.
Tiho s hitrim zasjedami
Tjera iz srca svih bojazni;

I unjeguje s prva i mami
Pod prilikom od prijazni,
Pa ko silnik pleše i meće,
Tko se uzda u nj najveće.

27.
Tako i more u tišini
S kraja pomorca u plav zove
A kad ga ima u pučini,
Skoči i uzavri na valove,
I u potopu, ki na nj ori,
Prije smrti grob mu otvori.

28.
Ah, sad imam pamet hitru,
Sve je, što svijet gleda i dvori,
Na ognju vosak, dim na vitru,
Snijeg na suncu, san o zori,
Trenuće oka, strila iz luka,
Kijem potegne snažna ruka.

29.
Ah, nije život ljudski drugo,
Neg smućeno jedno more,
Neg plav jedna, koju dugo
Biju vali kao gore:
I sred ovih netom tmina
Čoek se rodi, mrijet počina.

30.
Bježi, kud znaš, što hoć, čini,
Zapad i istok vas obhodi,
I beskrajnoj po pučini
Svijet kružeći Indije brodi;
Krij se u jame gorskijeh hridi:

Smrt svuda te slidom slidi.

31.
I nije stvari, koja može
Ubjegnuti toga suda;
U pokoju sred raskoše
Stoj bez misli i bez truda:
Bran, se oružjem, zlato trati,
Ne ćeš joj se othrvati.

32.
Smrt ne gleda ničije lice,
Jednako se od nje tlače
Siromašne kućarice
I kraljevske te polače;
Ona upored meće i valja
Stara i mlada, roba i kralja.

33.
Vedre krune, teška rala
Jednom kosom ona slama;
Lijepos, blago, snaga i hvala
Sve je prid njom na ognju slama
Gluha i slijepa bez obzira,
Kud prohodi sve satira.

34.
Zgrade ohole, ke visješe
Njekada se do nebesa,
Sad hrvane po tleh leže,
Gnjusnom stopom stado ih splesa;
A od unuk se carskieh hrane
Kosti gore ne ukopane.

35.
Slavne gospođe i kraljice,
Kih liposti još se hvale:
Zlatne kose, drago lice,
Ljuven pogled, ke su imale,
Ah, viđ, što su u ovo doba:
Malo praha u dno groba.

36.
Gdi su mlaci prigizdavi,
Plemeniti i bogati,
Ki cijenjahu njegda u slavi
Pored suncem u vik sjati?
Ah što je od njih sad ostalo,
Neg li u zemlji zemlje malo?

37.
Gdi junaci, koji snagom
Lave hrvaše i medvjede?
Gdi razumni s riječi blagom
Ki daždjahu med s besjede
Gospodeći srca umrla?
Smrt u pepeo sve je strla.

38.
Gdi oni, ki se od svih ljudi
Dobitnici oglasiše?
Gdi li uzmožni, kih požudi
Krug malahan vas svit biše,
I ostali ne brojeni?
Svi su u laktu zemlje zbijeni.

39.
Gdi su istočna carstva stara?
Gdi gospodstvo od Rimljana?

Svi pod plugom, kijem svit hara,
Od vremena su uzorana,
Jest, tko njegda svijetom vlada,
A ne zna mu se ime sada!

40.
Mru kraljevstva, mru gradovi,
I njih plemstvo trava krije;
A jer je umrli život ovi,
Čoek u srcu miran nije;
A svaki dan vidi očito,
Da nije ništar vjekovito.

41.
Vrijeme hara stanac kami,
I žestoko gvožđe izjeda;
A hoćemo mi, da nami,
Ki smo od zemlje, svrhe ne da?
A ako život naš je zgledan,
Vas nije drugo, neg hip jedan.

42.
Što je bilo, prošlo je veće,
Što ima biti, još nij' toga;
A što je sada, za čas ne će
Od prošastja ostat svoga,
Na hipu se vrijeme vrti,
Jedan hip je sve do smrti.

43.
Ah, da u što možeš rijeti,
Da se uzdaš veće odi?
Je da u vrijeme? Vrijeme leti,
I u dohodu svom prohodi;
Zgledaj ga si, svid se, tko si,

Ufaj, kaj se, moli, prosi.

44.
Tko se rodi, svak umrije,
i bi, kao ti, prije tebe;
Da, kao njemu, i tebi je
Mrtav biti od potrebe,
Da za tobom rode opeta
Novi narod nova ljeta.

45.
Ali svak čas gdje gledamo
Mrijeti i djecu u povoju;
Ah jaoh, za šta ne imamo
Više glave sveđ smrt svoju?
Ka čas po čas zgodu pazi,
Da te ubije i porazi.

46.
Nu smrt ovo nije, što čini,
Da sve umrle narav stiže;
Smrt je ono, što istini
Vječni od raja život diže:
Kratak uzdah smrt je od svita:
Smrt je od duše vjekovita.

47.
Ah, jednaka smrt je svima;
Ah, i svak zna, da umrijet će;
Ali s mukam jednacima
Doć svakomu smrt, jaoh, neće
Dobri će i zli umrijet jednako;
Nu u raj dobri, zli će u pako.

48.
Dobri će u raju puni uresa,
Gdi u vedrini bez oblaka
Sja vrh sunca i nebesa
Jedna svjetlost u tri zraka.
Pod pristoljem gdi višnjime
Stoji udes, sreća i vrime.

49.
Gdi u ljubljenom svomu Bogu
Duša slavom opojena
Dobro izvrsno, rados mnogu
Sasma uživa sveđ blažena
Pokoj vječni, lipos pravu,
Mir, dobrotu, znanje i slavu.

50.
Zli će pasti u ponore
Dno paklenih crnih jama,
Da tu u vijeke vijeka gore
Sred žestocih strašnih plama.
Osuđeni u tamnosti
Bez ufanja, bez milosti.

51.
Gdi zmije otrovne, zmaji gorući,
Zle nakazni, srde vrle
Huđe jade, nemir ljući
Daju kletim, ki se prle;
Gdi ore potop teških sila
Daždi od ognja, gradi od strila;

52.
Gdi je vaj smrtni ki sveđ kolje,
Gorci plači, trudi živi,

Tuge, pečali i nevolje,
Srdžbe, omraze, smeže i gnjivi,
Škripnja od zuba, kršnja od ruka,
Vječna žalos, vječna muka.

53.
Ah, ma dušo, trepti i čezni
Misleć, kako život straja;
Muka je viećna, nje boljezni
Bez svrhe su i bez kraja;
A u paklu nije ufanja,
Neg skončanje bez skončanja.

54.
Liepa dušo, ka u nas shodiš
Neumrla, čista i bijela,
Ti od života dan izvodiš;
Vječna svjetlost tva vesela
Neba je zraka, svijeta dika,
Plod višnjega sunca i slika.

55.
Angjeoska je tebe straža
U životu ogradila,
Božja pomnja ti najdraža
I slatka si kćerca mila:
On neumrli da te spase,
Umrlu odjeću uze na se.

56.
Ah, da li se ne sramuješ
Plemstvo i svitlost tvu veliku
Pocrniti, čijem stanuješ
Zbijena u grijehu tamnu i priku?
Ne, ne, ukaži, sveta odluka!

Da se djelo božjih ruka.

Plač treći: SKRUŠENJE
"Pater, peccavi, jam non sum dignus" Luc. 15.

1.
Da ozeleni i procvjeta
Prut osušen; da šibika
U zmiju se pruži opeta.
I privrati sva kolika;
I da Lotu starom žena
Stup se učini od kamena:

2.
Od višnje su vlasti s gori
Djela čudna i zamijerna;
Nu od ništa ko se stvori
S primogućstva neizmerna,
Ko htje, može promijeniti
Sliku stvoru svom na sviti.

3.
Ali obrnut i svrnuti
Ljudsku pamet u slobodi,
Ka se odlukom svojom puti,
Čuda ostala sva nadhodi;
Jer ako se volja oprijet će,
Višnja vlas ju silit neće.

4.
Nu da pustoš hridna i strma,
Puna zvijeri, zmija i zmaja,
Kupjena i drača oko grma

Koj se plete sa svih kraja.
Još perivoj bude ugodan
Rajskim, drazim voćem plodan,

5.

Tere jedan, ki pun zloba
Biće rasu i iskorijepi,
I sred tmina i gnusoba
Usmrdje se i oslijepi,
Da pogleda, da se skruši
Nov u srcu, čist u duši,

6.

I tko srnu bez zakono
U nepravdah sva godišta,
Tere bludno i smiono
Živuć s grijeha pade u ništa,
Da s milosti gora dane,
Prestvori se i ustane:

7.

Promjena je ova odviše
Vrh svijeh čuda čudna u sebi;
I nije stvari slavom više
Ni na zemlji ni na nebi;
Božje ruke svemoguće
Djelo najviše i najvrnće.

8.

Kad potisne u nevolju
Grijeh čovjeka i porazi,
Gane Višnji blagu volju,
I satrene čim ga spazi,
Pun milosti, pun ljubavi
Srce i novi duh mu stavi.

9.
Čovjek tada, ki bi prija
Suh prut, s dobrijeh djela zene,
I pokorom jakno zmija
Svlači stare sve promjene;
A obslužujuć dobra djela
Ptica izlijeta iz pepela.

10.
Ter jakno oro bistri upira
Od ufanja vid s kriposti
U sunce ono, ko prostira
Zrak mu od pravde i od milosti,
I pomičuć novijem veće
Starih želja perje meće:

11.
Tako griješnik sred planine
U pustinji dvijeh gora,
U nevoljah dočim gine,
Milos višnju ganu z gora;
Tim odluku novu zače,
Da se od grijeha i boli plače.

12.
Od grijeha se plače i boli,
Boli, ali ne pristaje
Željet boles tešku toli,
Teža i veća vele da je
Od bolesti i od svih muka,
S kih se u paklu čiči i buka.

13.
Plače, ali plačem žudi
Nadić sitne zvijezde očima,

41

Proz kih lijevat oda svudi
Rijeke od suza dotle ima,
Dokle u gorku vodu onu
Svoje zloće sve potonu.

14.
Tim boleć se i plačući
K zemlji obrazom nica pade,
I kroz uzdah najgorući,
Da ukaže skrovne jade,
Jedva iz srca najposlije
Jedno tužno "vaj!" podrije.

15.
Za tijem se opet omramori
Studeniji mraza i leda;
Hoće, da riječ izgovori,
Žalos brani, boles neda;
Nu napokon glas uteče.
I on uzdišuć s plačom reče:

16.
"Ćaćko!" I da veće izusti
Svoj grijeh treptje i iščeznu,
Riječ mu umrije posred usti,
A u suzah vas ogreznu;
Tim s bolesti teške umuknu,
Kako da mu srce puknu.

17.
Pak do njegdi jur za time
Obilnije daždeć suze.
S uzdasima žalosnime
Besjedu istu glasit uze:
"Ćaćko! - zgriješih!" Ali opeta

Plač i uzdah riječ mu smeta,

18.
Tim bi rekao, od njih svaki
Da se tjera i prigoni
Da on izreče grijeh opaki,
Ter sad ovi, sada oni
Prvi u tomu čim bit želi,
S usta i s oči i ne dijeli.

19.
Po nebesih tako oblake
U neskladnoj suprotivi
Tjera i goni s vlasti jake
Mrazni sjever, jug daždivi,
I dobitnik neka ostane
Svaki čuva svoje strane.

20.
Nu po licu čim plač pisa,
Što uzdah reče pun poraza,
Riječ između plača uzdisa
I između uzdah plačuć kaza
Sve, što bješe rijet spravio
Tužan uzdah, plać nemio.

21.
Jur na sjeni sred pustinje
Hridna zabit ke posila,
Noć priloži mrake sinje,
Kijem svijet bješe priklopila,
Povjetarce povrh stina
Smrznivaše vlažna tmina.

22.
Žirno stado u snu dugu
Ostalo se bješe od paše;
Ptica u dubu, zvijer u lugu,
U pokoju sve mučaše:
A sam griješnik ne umuče
S misli, u trudu ke ga muće.

23.
Zapovrnu on plakati
Vapjuć: Čemu, jaoh, nebesa
Više mene vidim sjati
Sred vječnoga vedra uresa,
Gdi obroh zemlju i tamnosti,
A pogrdih njih svitlosti?

24.
Čemu li ja, jer mi opeta
Zemlja kaza, sred livada
Da što jutrom zene i cvjeta,
Večer vehne i opada;
Ne promislih ako time,
Da je minuća lijepos svime?

25.
Ah, što vidjeh sinje more,
Gdi smućeno vri na čase,
Ter počinut vik ne more,
Ako ne htjeh mislit na se,
Jaoh, da tako sred pučine
Svijeta ovoga nij' krepčine?

26.
Što li gledah brza krila,
Gdje put neba ptice steru,

Ako misó nije mislila,
Da vrh zemlje u istu mjeru
K Bogu imam moje u vike
Pute obratit sve kolike?

27.
Noći slijepa, gluha noći,
Gluhu i sliepu slična meni,
Ah, da mi je ufat moći,
Da smrknute tvoje sjeni
Neće izagnat zora bijela
Meni plačna, svijem vesela!

28.
A to, jer se, jaoh, bolesti
Grijeha moga ne podoba,
Da mi svijetli dan izljesti
Bude u nijedno doba:
I toli mi ikad svane,
Da i dan, ko noć, crn mi ostane,

29.
Platna tvoja, čim vezijahu
Neumrlim zracim zvijezde,
Rek bi, da mi govorahu:
"Ah, nut gledaj naše gizde,
Ah, nut kak smo liepe i drage,
Koli jasne; toli blage.

30.
Da nu misli, slugam nami
Ako otac tvoj darova
S uresnijem svitlim plami
Naša jasna lica ova,
Koju slavu sred nebesi

Spravlja tebi, ki sin jesi?"

31.
Tako i lipos, zvizda umrla,
Svijetla lica, zlatna prama,
Bivši u oči moje uprla
Zrak bjeguća svoga plama,
Veljaše mi: Tvoja želja
Misli u stvoru Stvoritelja;

32.
Reci srcu: Lijepo ako je
Ovo umrlo vidjet tebi,
Ljepša duša koliko je,
Neumrla ka je u sebi;
A još vele ljepši gori
Višnji, koji dušu stvori.

33.
Jer ako ljepos, ka se pazi,
Lijepe duše prilika je;
Duša, na koj slika izlazi
Božja, kakva scijeniš da je?
Kakav li opet Bog od vika
Ki je bez slike sebi slika?

34.
Lipa je ljepos, koja očima
Slika od lijepe duše kaže;
Ljepša duša, koja ima
Sliku božiju, dare draže;
A najljepši Bog je paka,
U kom, po kom, s kim su svaka.

35.
I nesvjestan ja sam mogo
Boga ostavit pri taštini,
Ki je dobro pravo i mnogo,
Put i život moj jedini,
Put, po komu tko se puti,
Nikad neće poginuti.

36.
Život, u ki tko vjeruje,
Još da umre, žive u vike,
Pače u smrt život čuje
Slave izvrsne i velike,
Gdi on dobar daje dobro
Dobrijem, kih je za se obro.

37.
Ah jaoh, plačne oči moje,
Gdi su od groznijeh suza mora?
Plač'te, plać'te sve dni svoje.
Plač'te, plač'te bez umora;
Ah, i da se moj grijeh skrati,
Život se u plač vas obrati.

38.
Nu kad ja sam tvrđi od stijene,
Ter ne plačem zadovoljno,
Daj proplači, ti kamene,
Biće moje prinevoljno;
Što ne ćutim ja, ti ćuti:
Ja od kamena, ti od puti.

39.
Svijetlo sunce zlatnijem zrakom
Drazijem goram vrhe resi;

Sveđ se meni pod oblakom
Skrivaj lice od nebesi:
Neka u ovakoj crnoj noći
Ne budem se nazret moći.

40.
Nu ako inim u tamnosti
Noć me i puste kriju gore,
Gora i noć s kom kriposti
Mene meni skriti more?
Sve zaman je: treptim, blidim,
Ako u sebi sebe vidim.

41.
Tko sam? Čovjek? Ah jao, kako?
Nijesam, nijesam neg crv jedan
Kroz življenje moje opako
Splesan i od svud za rug gledan;
I ma tašta slava i hvala
U prikoru sva je ostala.

42.
I ja, ki sam ništa u sebi,
Ja smio sam, ah jao! Bože,
Neizmjernu zgriješit Tebi,
Znajuć da vlas tva sve može,
Ne držeći u spomeni
Ke milosti poda meni?

43.
I još živem? Još me zdrži
Zemlja? Još mi sunce i siva?
Treskovima nebo prži
Dubja, ka mu nijesu kriva;
A u krivinah tko se ustara,

Ne poraža i ne izgara.

44.
Ah, ma dušo, tužna odveće!
I cijeć grijeha tolikoga,
Ka bit žalos mala ne će?
Uvrijedila ti si Boga,
Kroz milos te ki veliku
Stvori od ništa na svu sliku.

45.
Dar bi njegov ma sloboda;
Pravdu i milos u me stavi;
Gospodstvo mi vječno poda
Vrh stvorenja svoga u slavi;
Jer htje, da sam čovjek vlada
Od istoka do zapada,

46.
Svojom vječnom zapovjedi
Da me vriježi, nebu reče;
A zvijezdami svijem naredi,
Da mi svaka blaga isteče;
Čini oganj, da me zgriva,
A povjetarce oživljiva.

47.
Da red vodi, da me očisti,
Da me uzdrži zemlja opeta;
I kamenje tvrdo umisti,
Da me brani od zlih šteta;
Rude umnoži srebra i zlata,
Da me smiri tim bogata.

48.
Za piću mi voće uzgoji,
A za lijeke bilje usplodi;
Na mu službu htje, da stoji
Sve, što leti, plove i hodi;
Da mi život, biće, stanje,
Pamet, mudros, svijes i znanje.

49.
Razborom me još nadari,
Dobro od zla da razdijelim;
Da mi razlog, da one stvari,
Ke znam dobre, samo želim;
Zlo i dobro ter čim vidim,
Od zla utečem, dobro slidim.
Sve je prid njom na ognju slama;

50.
Za me cvijećem razlicime
Proljiće se mlado kruni;
Za me rodno ljetno vrime
Zlatnim klasjem njive puni;
Za me zrela jesen paka
Kiti o rubju voća svaka.

51.
Za me plamen iz kremena,
Drvo iz gore vadi zima:
Za me plodna dar sjemena
Stara mati u skut prima;
Za me ribe plovom hode
I od mora i od vode.

52.
Za me ptica gnijezdo zbira,

Med za mene pčela kupi,
Za me ovčica run prostira;
Vo pod jaram za me stupi;
Meni vrani konji jezde,
Siva sunca, mjesec, zvijezde.

53.
Tim još, kad bi moglo biti,
Da se u vijeke ne umira,
I da pako strahoviti
Nije od muke i nemira;
Moj se život boljet obro,
Jer uvrijedih vječno dobro.

54.
Skot nesvijesni u vrlini,
Ki u gorskoj stoji dubravi,
Spozna, tko mu dobro čini,
I haran mu je po naravi;
A ja bit ću s grijeha zloga
Dobročinca zlotvor moga?

55.
Sam ja bit ću vrh svih zviri,
Tvrda srca, prijeke ćudi
S neharnosti, koju tiri
Moj u zlobah život hudi,
Zli otmetnik sve dni svoje
Stvoritelja duše moje?

56.
Ah, eto se učinilo
Gorko more, me skrušenje;
Vas moj život sveđ nemilo
Od bolesti valom bijen je:

A splijevaju u nj se u vike
Mojijeh groznijeh suza rike.

57.
Pače kako vode u more
Sa svijeh kraja hoće uljesti:
Tako od svuda sve najgore
Bolesti u me: jaoh, bolesti!
Tijem s čemerna skupa u jedno.
Poprav ja sam more jedno.

58.
Ako se ini puni jada
Bole s dobra izgubljena,
Jaoh, i ja se bolim sada,
I čini me mrijet spomena;
Jer izgubih sve me drago
Zdravlje, imanje, dobro i blago.

59.
Ako je druzijem žao veoma
Ostaviti rodno misto
Iz ćaćkova bježeć doma;
Ja se bolim za to isto
Ne imajući nigđer stana
Satren tukač pustijeh strana.

60.
Ako u tešku su ini vaju,
Jer su ih duzi priklopili;
Meni misli boles daju,
Jer za platit dobrijem dili,
Stotijem dijelom, jaoh, ne mogu
Teške tuge, zlobu mnogu.

61.
Ako u puti, čijem boluju,
Druzi stoje bez pokoja:
Koju boles, jaoh, ja čuju,
Gdi je nemoćna duša moja?
Ter grijeh mačem prijeti od smrti,
Za posjeć me i satrti.

62.
Ako inijem psovka ohola
U nemiru život zlobi:
Cijepa srce me na pola
Oštra boles, jer u zlobi
Padoh taman u životu
U prikornu zlu sramotu.

63.
Ako druzi žalost ćute
Osuđeni na smrt hudu:
Bolesti su prijeke i ljute
Žestočije meni u trudu,
Gdje ne samo na smrt tako,
Da osuđuje grijeh me u pako.

64.
I za sve to moći nije,
Čijem se boli srce i kaje
Da količak bi grijeh prije
Sada žalos tolika je;
Ali ufam, da je u Boga
Milos veća grijeha moga.

65.
Milosrđe je božje veće,
Neg sve hude me krivine,

Zašto Višnji dobri ne će,
Kajan griješnik da pogine:
Tijem što čekam tužan odi?
Duša moja, k njemu hodi!

66.
On je otac od sirota,
Od ubozijeh utočište,
Milosrđe i dobrota,
Ku nahodi, tko god ište:
Drum, istina, život, vrata,
Moje ufanje, moja plata.

67.
Ah, još da sam tvrdi od stijene,
I zmrznutiji, jaoh, od leda
Suze ronim vrhu mene,
Milosno me sunce gleda;
Voda kami tvrd probije,
Led se topi, sunce gdi je.

68.
Dosta, dosta bi svijet dvoren
S običaji svijem nećasne;
Na stvari sam svetije stvoren,
Neg su od zemlje ove tmasne;
Zvijerma zemlja: nebo gori
Vječni stan se moj govori.

69.
Za želud li, ah, jaoh meni!
Ljuti, gorki i nemili,
Ostavit ću pir blaženi,
Nerazdijeljen gdi se dili
Kruh prisveti od anđela,

Pića od putnik' svijem vesela?

70.
Zarosite, o nebesa,
Milos vrhu srca moga
I vi oglaci puni uresa
Jur daždite pravednoga;
Zemlja otvor se, i veselja
Puna plodi spasitelja.

71.
Eto ustajem iz gnjusobe,
Sad, sad poć ću k ćaćku momu,
Suzam peruć tamne zlobe
U životu nečistomu;
I po zemlji prostrt paka
Rijet ću, i molba bit će ovaka:

72.
Oče vječni, ne umijem rijeti,
Paček jezik moj je svezan,
Kroz grijeh hudi i prokleti
Koju ćutim ja boljezan:
Zgriješiv, tužan, protiv nebi,
I mom ocu zgriješih tebi.

73.
Zgriješih, zgriješih teško odveće
Pred tvojijem, ćaćko, obrazom,
I s toga sam, jaoh, sred smeće
Pribijen ljutim sad porazom
Nu je milos tva velika
Vrh skrušena pokornika.

74.
Ćaćko dragi, ćaćko mili,
Ja se vraćam ka tebi opeta,
Za sve da me ti odili.
I ja otidoh s tašta svijeta:
Jaoh, sin tvoj sam, ah, spomeni,
Da ti život poda meni.

75.
Ah, jaoh, treptim vas u trudu,
Razmišljajuć riječi ove:
Da, ako t' ocem ja zvat budu,
Tvoj glas mene ne uzove
Zlobnijem raspom svojih dara,
Čim me u srdžbi tako uskara:

76.
Ti li, izrode, ime od sina
Dostojan si nosit moga?
Gdje izlazi noćna tmina
Iz obraza sunčnoga?
Bijeli golub sred kijeh strana
Roditelj je crna vrana?

77.
Ja sam dobar i pravedan;
Ti hud i opak u životu;
Vrh naredbe ja naredan
Resim sobom svu lipotu;
Ti od smeće smeten gore,
Tobom crniš tve prikore.

78.
Od čistoće ja vir živi;
Ti od gnjusobe mrtvo blato;

Svijetu i Bogu ti sakrivi;
Ja prav sudac bit ću na to;
Razum, mudros, znanje je u meni;
Slijepa nesvijest tebe opsjeni.

79.
Ja se bojim, da ovako
Ne uzvapiješ ti na mene;
Nu ako s' otac moj svakako
Pun milosti neizrečene,
Ko te imenom zvati ne ću?
Ah, jao, ćaćko! rijet ću, rijet ću.

80.
Nu što velim? Ne dostojim,
Ne, jaoh, sin tvoj se nazvati;
Ah, daj među slugam tvojim
Ufam li se mjesto imati?
Bit najmanji ma je slava
Od tvojijeh svijeh pristava.

81.
Bježeć razlog, slijedeć volju,
Njegda bogat, njegda služen,
Sad sam upao u nevolju,
I potišten i porušen,
Sahnem, ginem, mrem od glada,
Ubog, tužan, go, pun jada.

82.
Ah, kad smilim, ki čestiti
Vodjah život ja kon tebe,
Spomena me čini mriti,
Jaoh, ishodim izvan sebe;
Neg mi ufanje krepko ostaje,

Da ti praštaš, tko se kaje.

83.
Eto, eto, slatki oče,
Ja se kajem od svijeh zloba,
Grozne suze to svjedoče,
Ke u svako lijevam doba,
A ovi uzdasi otkrivaju,
U kom ja sam tešku vaju.

84.
Ubogar sam, ah jaoh, oni
Ja ubogar, ki da gane
Svijeh na milos, ne zakloni
Neg, otkrije skrovne rane;
Vidj me rane nebrojene,
I imaj milos vrhu mene!

85.
Umoli se, ćaćko, umoli
Sinku tvomu u žalosti,
Ki ti prostrt po tleh doli
Grleć noge vapje: Prosti,
Smiluj mi se po mnogomu
Milosrđu, ćaćko, tvomu!

86.
Sam spovijedam i ne tajim,
Velici su grijesi moji;
S ispraznijem pošetajim
Pred očima gijeh mi stoji,
I nečista i nemila
Sva ostala huda dila.

87.
Pomiluj me, ćaćko mili,
Nijesi, nijesi tvrda stijena,
Da od griješnika, koji cvili,
Pokajana i skrušena,
Jao, molitvu ne ćeš čuti,
I od srca glas ganuti.

88.
Sladak ti si, i to pozna
Svaka duša k tebi idući,
Ako jedna suza grozna,
Ako jedan uzdah vrući
Probije nebo, i izdvori
Milosrđe tvoje gori.

89.
Ah, besjedom riječ smetena
Ne može izrijet, što bi htjela;
Nu ti misao nije skrovena,
Ka se u srcu mom začela;
Jaoh, i boles, koja uze
Za glas uzdah, za riječ suze!

90.
Skrušen grešnik reče ovako,
I ne ckneći k ocu odleti;
Nu istom na put dobar tako
Krenu stupaj od pameti,
A otac ga blagi srete
Pun dobrote vječne svete.

91.
Primi od sina ponižena
Molbu i cjelov da mu tada

I sred dvora razvedrena,
Gdje vijek sunce ne zapada,
Povede ga rukom svojom,
Da rasladi trud pokojom.

92.

Tuj čim svijtle prve odjeće
Od čistoće na nj postavi,
I prsten mu poda veće
Za zlamenje od ljubavi,
U veselju i radosti
Hvali božje svak milosti.

Also Available from JiaHu Books

Hiša Marije Pomočnice - 978-1-909669-31-4

Ludzie bezdomni

Quo vadis?

Pan Taduesz

Osudy dobrého vojáka Švejka za světové války 978-1-909669-45-1

Чорна рада - 978-1-909669-52-9

Горски вијенац - 978-1-909669-56-7

Judita

Dundo Maroje

Стихотворения и Проза Ботев 978-1-909669-86-4

Под игото - 978-1-78435-055-0

Az arany ember

Szigeti veszedelem

www.ingramcontent.com/pod-product-compliance
Lightning Source LLC
Chambersburg PA
CBHW031428040426

42444CB00006B/741